À Julie, Jérémy, Harmony, Marty et tous les enfants sages

Numéro du livre dans la collection :

Textes de Jacqueline Poccard

© Bernard Brunstein pour les illustrations - http://peinturedebernard.over-blog.com/

ISBN : 9782322101139

Histoires pour enfants de

Jacqueline Poccard

Illustrations de Bernard Brunstein

Histoires pour endormir les enfants sages

Le petit éléphant obéissant

Il était une fois un gentil petit éléphant qui vivait dans la forêt avec sa maman. Celle-ci, à la nuit tombée, avait dû s'absenter pour chercher de la nourriture pour le lendemain. Elle recommanda à son petit de se mettre vite au lit et de n'ouvrir la porte à personne. Tout au creux de la forêt, il y avait une fête pour tous les animaux, mais l'éléphant était encore trop jeune pour y assister et il fallait qu'il dorme. Une fois la maman éléphant partie, le petit se mit au lit bien sagement quand tout à coup, on cogna à la porte:
«Qui est-là ?» dit l'éléphanteau.
«Nous sommes les petites lapines sauvages, nous faisons une farandole pour aller jouer du tambour à la fête, alors on vient te chercher.»
« Non, non, dit le petit éléphant, ma maman est sortie et m'a dit de rester couché.»
Les petits lapins repartent en se moquant de lui et en sautant joyeusement.

À peine ceux-ci partis, il entendit de nouveaux coups à la porte.
« Qui est là, que voulez vous ? »
« C'est moi le renard. Je viens te dire qu'il y a la fête là-bas et que tu devrais y venir. »
« Je ne peux pas, dit le petit éléphant, ma maman m'a défendu de sortir. »
« Ah ! Ah ! se mit à rire compère renard, viens un moment, ta mère n'en saura rien. »
« Allez-vous-en, dit le petit, je ne désobéis jamais à ma maman. »
Le renard partit et tout redevint calme. Cela ne dura pas longtemps, hélas. Cette fois, ce sont des coups frappés sur le volet.
« Chut, dit le petit éléphant. »

«C'est moi, la girafe. Je suis trop grande pour taper à la porte. Allez, ouvre vite et viens avec nous à la fête. J'emmène mes petits aussi.»
Le petit éléphant ne répondant pas, la girafe n'insista pas et s'en alla.

Un moment après, ce fut au tour du lion de donner des grands coups de pattes dans la porte. Le petit éléphant entendait ses griffes et avait très peur.
Il n'osait pas répondre.
Alors, le lion lui dit de sa grosse voix:
«Viens avec moi à la fête. Je sais que tu es encore petit, mais tu monteras sur mon dos.»
«Je ne peux pas, monsieur le lion, ma maman me l'a défendu.»
«A moi, le roi de la forêt, tu dois obéir.»
En pleurant, le petit éléphanteau refusa une fois de plus.

Après quelques instants de tranquillité, il entendit, au loin, la musique de la fête qui commençait. Le petit éléphant aurait bien aimé sortir de son lit, mais il ne voulait pas désobéir.

Il reçut ainsi la visite de bien d'autres animaux.
Le hibou lui fit un peu peur avec son Hou! Hou!
Puis, ce fut une petite biche qui, de sa douce voix, lui demanda de venir s'amuser avec elle.
Enfin, une bande de petits oiseaux l'invitèrent à venir écouter leur chorale.

Même le loup qui était descendu de sa montagne attiré par le vacarme, vint aussi gratter à la porte, mais le petit éléphant lui cria:
«Allez-vous-en, monsieur le loup, je sais que vous dévorez les grands-mères. Peut-être avez-vous envie de me manger ?»
Le loup partit et le calme revint. Le petit éléphant s'installa bien au fond de son lit et, comme il était très tard, il s'endormit très vite.
Sa maman, en revenant un peu plus tard, fut ravie de trouver son petit bien sagement endormi et pensa: «Comme il est mignon et obéissant, mon bébé. J'ai bien de la chance d'avoir un petit pareil! Demain, il sera récompensé avec toutes les bonnes choses que j'ai trouvées pour lui dans les arbres et nous ferons un bon repas.»

La famille ours

Il était une fois, une famille ours qui vivait dans les montagnes des Pyrénées. Le papa ours partait souvent explorer le pays et, un jour, il revint et dit à sa famille:
«Devinez un peu ce que j'ai découvert aujourd'hui?»
Les enfants et la maman eurent beau chercher, ils ne trouvèrent pas.
«Eh bien, dit le papa, j'ai découvert une grande grotte.»
«Et alors, dit la maman, nos montagnes ont beaucoup de grottes!»
Le gros ours, un peu vexé, leur répond:
«Oui, mais dans ma grotte, il y a un essaim d'abeilles et savez-vous les enfants ce que nous donnent les abeilles?»
«Du miel, dirent les oursons en choeur.»
«Oui, du miel et si vous êtes sages et courageux, nous y monterons un jour tous les quatre.»
Les voilà partis par un jour d'été de très beau temps, la mère ours avait pris les provisions pour la route, des pommes, de l'eau et un pot qu'elle espérait bien remplir là-haut, de bon miel.

Toute la troupe partit pleine de joie, surtout les petits qui galopaient devant, sans écouter les recommandations des parents qui leur disaient que le chemin serait long. Ils marchèrent ainsi jusqu'à ce que la mère ours dise de s'arrêter un moment pour souffler et surtout pour boire, car le soleil devenait bien chaud.

Puis le gros ours dit :
« Allez, en route, on repart ! »
Ils reprirent leur montée qui devenait rude. Un des oursons dit :
« Oh ! que c'est loin, je suis bien fatigué. »
Ce qui déclencha la colère de son père.
« Mais qui m'a donné un petit pareil ? Allez marche, les ours sont des animaux très forts et courageux. Il faut que tu apprennes à le devenir. »

Les petits oursons n'osèrent plus se plaindre. et marchèrent en silence. Ce fut la maman, cette fois, qui dit :
« C'est vraiment très loin et moi aussi, je suis fatiguée. »
En entendant son mari grogner, elle se tut et avança. Enfin !

Cette fameuse grotte tant désirée arriva et tous s'y précipitèrent. C'était sombre et un ourson dit :
« Mais, il fait noir là-dedans. Je n'y vois rien maman. »
« Ne t'inquiète pas, c'est normal puisque nous étions dehors en plein soleil. Tu vas t'habituer peu à peu. »
La famille s'enfonça vers le fond de la grotte et l'ourson se rendit compte qu'il y voyait mieux. Tout à coup, on entendit un bourdonnement « Bzzz, bzzz, bzzz, bzzz, bzzz » qui devint de plus en plus fort. Ils découvrirent un gros essaim d'abeilles bourdonnantes.

Tout autour de l'essaim, le miel coulait abondamment. Les oursons étaient fous de joie et lapaient à qui mieux-mieux ce délicieux liquide sucré. Maman ours remplit son grand récipient pour en ramener à la maison. Elle demanda à ses petits de cesser la dégustation, mais comme tous les petits enfants, les oursons n'écoutèrent pas les conseils de leur maman et n'obéirent pas. Quand toute la famille se reposa un moment sur une grosse pierre avant de redescendre, on entendit une petite voix plaintive: «Maman j'ai mal au coeur.»

La maman se mit en colère et dit à son petit:
«C'est bien fait. Tant pis pour toi, je ne te plains pas! Si tu as si mal au coeur, vas au fond de la grotte si tu veux vomir, moi, je ne te soigne pas.»
Heureusement, il se retint et n'eut pas besoin de se soulager.
Les parents ayant décidé de quitter la grotte, ils se mirent en route, bien que l'autre ourson se soit plaint aussi d'avoir mal au ventre. Lui aussi fut grondé pour avoir été trop gourmand et cela n'arrêta pas leur marche. Mais, depuis un bon moment, il semblait qu'ils tournaient en rond pour sortir de la grotte. La famille suivait le père, une fois à droite, une fois à gauche, ils avançaient au hasard sans succès.

Cette fois, ce fut la maman qui se mit en colère contre son mari, le traitant de nigaud et d'incapable:
« Quand on entraîne sa famille dans une telle aventure, on doit être assez malin pour trouver une sortie de grotte.»

Lui, un peu penaud, répondit de sa grosse voix qu'il ne fallait pas s'affoler. Il n'y voyait plus bien, car le soir arrivait, mais tout allait s'arranger. Ils tournèrent encore un moment. La maman n'était plus en colère, mais très inquiète. Les deux petits pleuraient:
«On est perdu. On ne retrouve plus la sortie. On va être obligé de dormir ici. Il fait noir. Il doit y avoir des chauve-souris et les abeilles vont nous piquer pour nous punir d'être venu les déranger.»
A ce sujet, ils furent rassurés, car leur maman leur expliqua que:
«Nous les ours, nous avons une fourrure si épaisse qu' aucun insecte peut nous piquer. Seul notre museau est fragile, mais d'un coup de patte, nous les chassons bien vite.»

Pendant ce temps, papa ours cherchait toujours la sortie. Un énorme grognement leur apprit qu'il l'avait trouvée et les petits se précipitèrent vers l'ouverture en hurlant de joie!
Oubliant le mal au coeur et le mal au ventre, ils dégringolèrent à toute vitesse pour redescendre de la montagne. La nuit était venue et toute la famille bien fatiguée avait hâte de rentrer.
Enfin, ils aperçurent la maison dans la vallée et quelques minutes après, ils y étaient. Malgré la fatigue, les petits oursons eurent quand même le courage de se laver les dents. Car le miel est très doux, mais il abîme les dents. «Ce serait ennuyeux pour un ours d'avoir des caries.» leur dit leur maman.
Une fois fini, ils se jetèrent sur leur couche de paille et s'endormirent aussitôt en rêvant aux aventures de la journée.

Une souris trop gourmande

Dans un grand château qui s'appelle Valençay, vivait une bande de petites souris. Comme le sous-sol était grand, on pouvait donc y trouver beaucoup de cachettes. Tout près se trouvait les grandes cuisines où l'on préparait de bons repas pour les châtelains ce qui régalaient les souris.
Notre souris qui s'appelait Grignote (car elle grignotait tout le temps) sortait tous les soirs par un trou pour rendre visite à la réserve de nourriture et là, elle se régalait d'un tas de choses succulentes. Elle trouait avec ses petites dents des bons paquets de biscuits, des restes de brioches,

du jambon, mais surtout d'énormes morceaux de gruyère avec des trous.

Oh ! Quel délice ce fromage. Et ainsi notre Grignote mangeait le gruyère autour des trous, sans s'apercevoir que ceux-ci s'agrandissaient énormément et qu'un jour arriverait où il ne resterait que la croûte!
Les copines de Grignote se moquaient d'elle et lui disaient:
« Tu grossis beaucoup, ma chère, tu deviens aussi grosse qu'un rat. »

Grignote n'écoutait pas leurs remarques, pensant qu'elles la jalousaient d'avoir trouvé les meilleurs coins de provisions du château. Elle continuait tous les soirs à se gaver de nourriture, jusqu'au jour où elle eut un mal fou à passer par le trou habituel.

«Oh! Mais je vais passer ailleurs, sans problème.»
Mais les autres ouvertures étaient toutes aussi étroites. Réunissant toutes ses forces et s'aplatissant le plus possible, elle réussit quand même à traverser et alla se gaver une fois encore de mille bonnes nourritures. Au retour, car il fallait qu'elle revienne dormir dans son nid, elle eut encore plus de mal, tant son ventre était devenu gros!

Eh bien, cela ne la corrigea pas! Le lendemain soir, la voilà repartie vers le trou qui lui semblait le plus grand. Elle força, poussa, fit de son mieux pour y arriver, mais rien n'y fit. Sa tête, bien sur, passait, mais pas son corps qui était devenu énorme.

La pauvre petite Grignote resta là, coincée sans pouvoir ni avancer, ni reculer. Elle appela au secours ses petites copines, ces souris qui s'étaient moquées d'elle, en pensant qu'elles auraient pitié. Mais elles étaient bien trop loin, dans cet immense château et elles n'entendirent pas les cris de Grignote. La nuit se passa ainsi et le matin, vint à passer un beau chat très étonné de voir une souris coincée ainsi. La pauvre était morte d'épuisement dans la nuit, bien punie de sa trop grande gourmandise. Le minet n'eut pas de mal à dévorer, petits bouts par petits bouts, la malheureuse Grignote libérant ainsi l'ouverture pour qui sait ? Peut être une autre souris gourmande.

L'hippopotame triste

Dans le grand pays d'Afrique, par une journée de grosse chaleur, de nombreux troupeaux de différents animaux allaient boire dans l'unique point d'eau.
Tous, après s'être bien désaltérés, aimaient se retrouver et bavarder un moment. Mais un petit hippopotame du troupeau restait à l'écart et ne parlait pas. Sa maman, en voyant sa triste mine, lui demanda ce qu'il avait.
« Je m'ennuie, car je suis tout seul, puisque de vilains chasseurs ont capturé mes deux frères. »

Alors le petit hippopotame alla trouver des petits singes et demanda.
« Voulez vous jouer avec moi ? »
Des cris moqueurs lui répondirent :
« Non mais ! Il ne s'est pas regardé celui-là., un gros patapouf jouer avec nous, pour jouer à cache-cache dans les arbres ou grimper aux lianes !! Ah, ah, ah …»
Le pauvre petit qui avait pour nom Hippopotamo s'en alla vexé.

Il avisa des petites girafes qui gambadaient dans la savane.
Mêmes questions, mêmes réponses narquoises :
« Oh ! le beau jeu que ce serait, toi qui rase le sol et nous, avec notre long cou !! Vas donc voir ailleurs ! »

Toujours bien triste, Hippopotamo pensa qu'il y avait bien les lionceaux :
« Mais ma jeune peau est encore tendre et les lions ont des griffes et des dents pointues. Ils vont sûrement me blesser en jouant. »
Il pensait que c'était bien triste de ne pas avoir de compagnons et commençait à essayer de jouer seul. A ce moment là, des éclaboussures d'eau lui mouillèrent le corps. Il vit alors un autre troupeau identique au sien, mais comprenant une grande famille avec plusieurs petits hippopotames qui se baignaient. Cette scène l'amusa un instant. Au bout de quelques minutes, il remarqua une jeune et jolie petite hippopotame qui se séchait au soleil. Après bien des hésitations, il prit son courage « à quatre pattes » et s'approcha d'elle, en tournant tout autour, en essayant de lui faire mille grâces, pour éviter un nouveau refus. La jeune hippopotame le regarda en riant:
« Eh bien! Qu'as-tu à tourner comme ça? Tu me donnes le vertige! Viens donc près de moi prendre un bain de soleil. »
Hippopotamo n'en croyait pas ses yeux devant tant de gentillesse.
« Oui, je veux bien, et après, est-ce que tu voudrais bien que l'on joue ensemble ? »

La petite hippopotame parla longtemps à son nouveau copain. Celui-ci apprit ainsi qu'elle s'appelait Hippopotama par une curieuse coïncidence et qu'elle habitait non loin de là avec toute sa famille. Ils entendirent des appels au loin.
C'étaient les deux mamans qui recherchaient leurs enfants pour rentrer au logis, car le soleil s'était couché.
Hippopotamo lui dit:
«Tu reviendras demain au même endroit, pour que l'on fasse mieux connaissance ?»
«Bien sûr, lui dit sa nouvelle copine.»
Le lendemain, il revint le coeur battant, craignant qu'elle ait oublié sa promesse. Point du tout, elle était bien là, impatiente de jouer avec lui. Pendant longtemps, ils se virent ainsi tous les jours, toujours aussi heureux d'être ensemble.

Le petit coeur d'Hippopotamo battait bien fort à chaque nouvelle rencontre. Lui savait qu'il était amoureux, mais n'osait pas le lui avouer de peur d'un refus et les jours passaient.

Enfin, une fois encore, il prit son courage «à quatre pattes» et lui dit tout ce qu'il pensait d'elle, sur sa gentillesse, sa douceur et sa beauté.

Hippopotama sauta de joie le plus légèrement qu'elle put et lui dit «Dis donc toi, tu n'es pas du genre rapide pour faire une déclaration d'amour! Oh là là, je n'y croyais plus.»

Tous les deux, fous de joie, allèrent trouver les parents de l'un et de l'autre pour leur annoncer la nouvelle de leur mariage.

Tout le monde se réjouit et les noces furent une grande fête dans la savane. Même ceux qui s'étaient moqué de lui, furent invités, car Hippopotamo n'était pas rancunier.

Quelques mois passèrent et, au point d'eau, on vit un couple d'hippopotames entouré de deux petits venant se rafraîchir.

La petite fille qui rêvait d'un nounours

Il était une fois, une petite fille très sage qui vivait heureuse entre son papa et sa maman, mais malheureusement ceux-ci n'étaient pas très riches et ne pouvaient pas lui acheter de beaux jouets.

A l'approche de Noël, la petite fille jouait dans la chambre avec ses jouets qui n'étaient plus très neufs! Bien sûr, elle avait deux ou trois poupées bien abimées et un petit clown qui avait perdu un bras, mais ce qu'elle désirait depuis longtemps, c'était un petit ours. Presque tous les enfants ont un nounours qu'ils aiment câliner, bercer et tenir contre eux le soir en s'endormant.

Sa maman lui dit alors de téléphoner au père Noël pour lui demander cet ours, puisqu'eux n'avaient pas assez d'argent pour acheter une peluche. Elle ne se fit pas prier et fit sa demande.
Le père Noël lui répondit:
«D'accord, tu veux un nounours blanc? C'est compris, je le note.»
Quelques temps après, le matin de Noël arriva et la petite fille courut vers ses souliers déposés devant le sapin.

Elle déchira vivement le papier cadeau pour découvrir enfin sa peluche. Que vit-elle dans la boite d'emballage ? Une poupée, une ravissante poupée blonde, superbement habillée ! Mais quelle déception ! Elle avait tant espéré cet ours blanc. Elle se mit à pleurer en disant:
« Père Noël, vous n'avez rien compris! Des poupées, j'en ai déjà trois. Je n'en voulais plus ! »
Evidemment, le père Noël était devenu vieux et le téléphone un peu faible. Aussi, il n'avait pas bien entendu ou bien il s'était trompé de petite fille.

Pleurant toujours, la petite fille fut tout à coup éblouie par une grande clarté dans sa chambre. De cette lumière surgit une fée magnifique habillée d'une robe dorée et, sur la tête, un diadème rempli de pierres précieuses.

La fillette, très impressionnée devant cette apparition, n'osait pas parler.

«Réponds moi, dis moi la raison de ton chagrin.» dit la fée en souriant.
Un peu rassurée la petite fille lui raconta tout, sa demande au père Noël, celui ci devenant un peu sourd et son erreur. La fée lui dit: «Arrête de pleurer. Je crois pouvoir t'aider tout là haut, dans le domaine des fées, on m'a parlé de toi. Je sais que tu es une enfant très sage, obéissante avec tes parents, bonne élève à l'école et toujours prête à aider tes camarades de classe. Je sais aussi que tes parents ne sont pas très riches. Je vais réparer l'erreur du père Noël. Prenant sa baguette magique d'une main, le pauvre vieux clown de l'autre, elle récita quelques mots magiques et disparut de nouveau dans un éclair. Quand la petite fille cessa d'être éblouie, elle chercha la fée, ne la vit plus, ni son clown.

Ô surprise ! qu'y avait-il sur son petit lit ? Un joli nounours tout blanc, tout doux.

« Maman, maman vient vite, cria-t-elle. »
Sa mère arriva en courant et n'en crut pas ses yeux, de voir sa fille berçant une jolie peluche blanche.
« C'est la fée, c'est la fée, maman qui me l'a donnée en échange de mon vieux clown. »
La maman qui pensait que les fées étaient des inventions dans les livres de contes, fut bien obligée d'y croire. Elle comprit que les fées ne viennent pas tout le temps sur terre, mais que, quelques fois, lorsqu'un enfant est particulièrement sage, elles peuvent ainsi user de leurs pouvoirs et rendre heureux des enfants.
A partir de cet heureux jour, la petite fille aima beaucoup ce petit nounours si blanc, si doux et à qui elle confiait quelque fois ses secrets, le soir contre sa joue, avant de s'endormir.

Histoire d'une girafe

Une fois encore, cette histoire se passe dans un grand pays d'Afrique, là où vivent toutes sortes d'animaux, des plus féroces aux plus inoffensifs.
C'est par une chaude journée d'été qu'une famille de girafes décida de faire un petit tour pour chercher de la nourriture.
Il y avait un papa, une maman et trois petites soeurs. La plus jeune des trois était un peu aventureuse et nécessitait une grande surveillance.
Malgré une étroite vigilance, elle profita d'un moment de distraction de ses soeurs pour se mettre à gambader à toutes jambes.
« Oh ! J'en ai assez de manger ces feuilles. Je suis sûre qu'un peu plus loin, il ya des arbres bien meilleurs aux feuilles bien tendres. » se dit elle.

A force de gambader, de grignoter à tous les arbres, elle ne s'aperçut pas qu'elle était loin de sa famille. Le soleil déclinait, elle voulut retourner vers les siens, mais après bien des recherches, elle comprit qu'elle était perdue! Se sentant vraiment seule dans la jungle, elle eut très peur et se mit à pleurer en appelant sa maman de toutes ses forces, mais en vain..

Tout à coup, elle se rappela que sa maman lui avait dit un jour de bien se méfier, de ne pas quitter son groupe, car il y avait des hommes qui tuaient ou qui capturaient les animaux sauvages pour les enfermer dans des zoos ou des cirques.

Tremblante de peur, elle entendit un bruit de moteur venant du ciel et vit une espèce de grosse bête avec deux grandes barres qui tournaient sans arrêt. Notre petite girafe ne savait pas que c'était un hélicoptère qui recherchait des animaux. Celui-ci s'étant enfin éloigné, elle se calma un peu et continua à chercher sa route. Mais de nouveau, elle entendit Brr, Brr, Brr Brr !
C'était un camion rempli d'hommes armés de fusils et de cordes qui avaient dû la repérer d'en haut.
Malgré sa course rapide, elle fut vite rattrapée. Deux hommes la prirent au lasso avec leurs cordes et voilà la pauvre petite girafe traînée et jetée dans le camion.

A moitié morte de peur, elle pensa que c'était fini, qu'elle ne reverrait jamais plus sa famille. Elle regarda quand même autour d'elle dans ce maudit camion. Elle n'était pas la seule à avoir été capturée.
Il y avait un lionceau, deux mignons petits singes et un bébé éléphant qui, eux aussi, appelaient leurs mères.
«Où allons nous ? Où ces méchants hommes vont nous emmener ?»

Le temps passa. Le camion roula longtemps et quand il s'arrêta enfin, la nuit était tombée et les pauvres animaux s'étaient endormis de fatigue.

Des cris rauques et des coups de bâtons les réveillèrent. C'était les hommes qui les faisaient descendre du camion.

Sitôt au sol, on les fit entrer dans des cages pleines de barreaux. Affolée la petite girafe pensa: «Mais je ne tiendrai jamais là-dedans avec mon long cou! Je vais mourir étouffée si je dois le plier.»

Enfin, son tour arriva et un homme, un peu plus doucement, la fit entrer dans une cage spéciale
«girafe», c'est-à-dire avec une ouverture dans le haut qui permit à la girafe d'être plus à l'aise et de découvrir un peu plus loin une grande tente bariolée, d'où sortait de la musique. Les petits singes, ses voisins, ayant l'air fort malins, lui dirent pour la rassurer:

« Ne t'en fais pas, la copine, nous savons où nous sommes! On ne nous tuera pas et on nous soignera bien, car nous sommes dans un cirque. Tous les soirs, on nous fait faire des tours et des acrobaties devant plein de gens et surtout devant des petits enfants qui sont très heureux de nous voir. Dans la journée, nous sommes dans nos cages dans le zoo. Les enfants nous photographient et nous donnent des cacahuètes. Tu verras on s'habituera! »

Mais la petite girafe n'était pas consolée. Elle se moquait d'avoir des cacahuètes. Ce qu'elle voulait, c'était retourner dans la jungle et retrouver son papa, sa maman et ses soeurs qui devaient être bien tristes. Elle songeait à tout cela et s'aperçut que la nuit tombait. Alors que pouvait-elle faire, sinon essayer de dormir dans sa petite cage? Quand la nuit fut noire et que le cirque ne donnait pas de spectacles car c'était le jour de repos, elle entendit des pas prés de sa cage. Quelqu'un venait d'ouvrir le loquet de sa petite porte. Un homme lui dit: « Chut! Ne fais pas de bruit et sors doucement. C'est moi qui t'ai capturée et amenée ici, mais tu es si jeune et si gentille que je ne peux pas te laisser aux mains des dresseurs d'animaux. Viens vite, monte dans le camion. »

La petite girafe ne se fit pas prier pour obéir. Le camion roula doucement, moteur éteint pour qu'on ne l'entende pas du cirque. Lorsqu'il se trouva suffisamment loin, le chauffeur roula très vite, longtemps, longtemps jusqu'à ce qu'il retrouve l'endroit où il avait capturé la petite girafe.

« Descends et va vite retrouver ta famille. Je dirai au patron du cirque que tu t'es sauvée dans la nuit, car s'il apprenait la vérité, il me chasserait et je n'aurais plus de travail. »

La petite girafe ne pouvait pas parler pour le remercier. Elle agita son long cou en guise d'adieu. Le camion partit et elle sentit au bout d'un moment une odeur qu'elle connaissait bien ! C'était l'odeur du troupeau de sa famille. Elle courut jusqu'à eux et se jeta contre sa maman. Celle-ci était, comme toute la famille, folle de joie de ces retrouvailles.

Pour fêter l'événement, on fit une belle fête et la petite girafe comprit enfin qu'il ne fallait pas s'éloigner des siens et tout le monde vécut heureux, dans ce beau pays plein d'animaux sauvages.

Les petits lapins

Il était une fois une famille, habitant une grande ville, qui avait décidé de passer leurs vacances dans un petit hameau breton, bien calme. Il était si calme que les petits enfants, qui passaient tous les jours en voiture avec leurs parents, avaient l'habitude de voir sur le bord de la route des petits lapins encore bien jeunes. Ceux-ci traversaient la route sans aucune peur et repartaient gambader dans la prairie autour des vaches. Chaque fois les enfants criaient:
«Ralentis maman, ne leur fais pas peur.»
Un jour, la maman lapin dit à ses enfants:
«Mes enfants, écoutez-moi bien. Demain, nous allons changer de coin, car les cantonniers coupent toute l'herbe des bords de routes et nous ne pourrons plus nous y cacher si jamais un chien ou un renard nous attaque. Soyez très prudents, car cette route est petite et les rares voitures qui y passent vont très vite. Avant de la traverser, regardez bien au loin si vous ne voyez pas de voiture.

La famille lapin déménagea donc et reprit ses habitudes. Tous les soirs, la maman comptait ses petits, mais voilà qu'un soir, il en manquait un. Elle chercha, appela, sans rien trouver et, la nuit venue, elle dut abandonner ses recherches. Hélas, le lendemain, elle fut folle de chagrin en découvrant, en plein milieu de la route, son bébé tout écrasé. Elle le ramena vers leur terrier pour creuser un trou et l'y enterrer. Tous les petits frères pleuraient, pleuraient. La maman les consola de son mieux et leur dit:
«Que cela vous serve d'exemple, mes enfants. J'avais bien dit de faire très attention. Votre frère a du faire une imprudence, sans penser que certains conducteurs sont des fous au volant et ne pensent pas que la campagne est peuplée de petits animaux.»

Le temps passa, l'été n'était plus très chaud, puis l'automne arriva. Les petits lapins s'étonnaient de ne plus voir passer les enfants en voiture, car eux passaient doucement. Leur maman leur dit que les enfants devaient retourner à l'école et que les vacances étaient finies, mais que l'été prochain ils en viendraient sûrement d'autres.

Le petit flamant rose

Au beau pays de Camargue, parmi les taureaux et les beaux chevaux blancs, il y a aussi de nombreux flamants roses. Leurs ailes sont magnifiques. Ils vivent la plupart du temps dans l'eau pour pêcher et se nourrir de poissons et de coquillages.

Comme toutes les mères, la maman flamant ne cessait de dire à ses petits de ne pas s'éloigner d'elle. Mais le plus jeune était assez désobéissant et s'amusait à plonger son bec par-ci, par-là en avançant petit à petit, levant ses pattes fines. Il avança tant que, tout à coup, il se retrouva seul. Après avoir cherché sa famille, il comprit qu'il était bel et bien perdu. Affolé de voir la nuit venir, il rencontra un héron qui se préparait à aller dormir dans un creux parmi les tamaris.

«Tu as l'air perdu, mon pauvre petit. Ne pleure pas, viens avec moi, tu pourras passer la nuit avec moi, et je te tiendrai bien chaud, dit le gentil héron. Pendant ce temps, la troupe des flamants roses se préparait à organiser leur départ de Camargue, car l'automne arrivait et ils devaient tous migrer vers des pays plus chauds. Toutes les familles se rassemblaient, se comptaient pour préparer l'ordre de vol. Le chef criait:

«Allez vite, groupez vous en ordre, plus vite, on s'en va.»
Il entendit, un cri. C'était une maman qui hurlait:
«Ne partez pas! Attendez, j'ai un petit qui manque! je vais le chercher.
Au bout d'un moment, le petit ne revenant pas, le chef ordonna le départ. Les oiseaux s'envolèrent en formant une flèche.
La maman pleurait et se retournait tout le temps, mais hélas rien.

Quand au matin, le petit flamant se réveilla, il pleura longtemps. N'ayant plus de larmes à verser, il se mit à réfléchir:
«J'ai fait une bêtise. Eh bien, je vais me débrouiller.»
Il prit son élan et se mit à voler, pensant rejoindre la troupe. Le ciel était immense et d'un bleu magnifique, mais pas la moindre trace d'oiseaux migrateurs. Il volait de plus en plus vite, mais était désespéré de ne rien voir. La fatigue arriva et il dût ralentir de plus en plus et, à bout de forces, pensa abandonner et se poser en bas. Un dernier effort lui fit dire:
«Allez, je suis courageux, je vais essayer de tenir encore un peu.»
Il était à la limite de l'épuisement, quand il vit là-bas, au loin dans le ciel bleu, une tache sombre. Il pensa:
«Ce sont eux, j'en suis sûr! Allez courage, mon vieux.»
Il eut tant de courage qu'il finit par rattraper la troupe. Il vit de loin sa maman qui l'avait reconnu et lui faisait des signes avec son aile. De plus en plus fatigué, il lutta pour rejoindre le groupe. Sa maman lui dit de monter sur son dos pour se reposer. Tous les flamants, après avoir parcouru des kilomètres et des kilomètres, arrivèrent dans un pays magnifique où ils passèrent tout l'hiver.

La petite étoile

La nuit, dans le beau ciel pur de Provence, quand on est à la campagne, dans l'obscurité, on peut voir et compter des milliers d'étoiles. Il y en a des grosses et d'autres plus petites qui scintillent. Il y a le Grand Chariot que les enfants aiment découvrir avec leurs parents. Par une nuit d'été, une petite étoile minuscule, un peu dissipée, alla trouver la plus grosse que l'on appelle étoile du berger, et lui dit :
« Je voudrais bien voyager. J'en ai assez de rester toutes les nuits au même endroit. Comment faut-il faire pour aller vers d'autres pays ? »
Toutes les petites étoiles, ses copines, éclatèrent de rire en se moquant d'elle.
« Que me demandes-tu là, ma petite ? » lui répondit l'étoile du berger.
« Nous avons chacune notre place et heureusement. Sans cela, il y aurait des accrochages, des accidents. »
La petite étoile patienta quelque temps, puis, à plusieurs reprises, redemanda encore la même chose.
La grosse étoile l'envoyait promener, si l'on peut dire, et en avait assez d'une petite capricieuse comme ça.

Une nuit la petite étoile vit dans le ciel une lueur très brillante qui avançait. Elle fut très intriguée devant ce spectacle. Une idée lui vint tout à coup:

«En voilà une qui avance ! Je vais donc la suivre.»

Et la voilà, pleine d'espoir qui essaye de bouger, d'avancer, mais sans jamais la rattraper, malgré tous les efforts qu'elle faisait. Et la lumière filait droit dans le ciel. La petite étoile dût s'arrêter et se mit à pleurer, voyant qu'elle n'avait pas réussi. Ses petites copines se moquèrent encore d'elle et une de la bande lui dit:

«Mais qu'avais tu à courir ainsi ?»

«Je voulais voyager moi aussi, comme cette grosse étoile.»

Toutes se mirent à rire.

«Sais-tu ce que tu suivais?» dit l'étoile du berger.

«Tu suivais un avion, grosse bête.»

«Un avion, qu'est ce que c'est?»

Quand on lui expliqua ce que c'était, elle dit:

«Eh bien, je veux aller dans un avion!»

La grosse étoile lui expliqua que les avions n'étaient pas faits pour faire voyager les étoiles, qu'ils transportaient des grandes personnes, des enfants, quelques fois, des chiens et des valises.

La petite étoile fut très vexée de son ignorance et resta dans son coin de ciel, en essayant de se faire toute petite. Il se passa bien du temps et même une année.

Quand revint le mois d'aout, l'étoile du berger eut un peu pitié de la petite étoile qui ne demandait plus rien. Alors, elle l'appela et lui dit:

« Ecoute, tu as été bien raisonnable, tu n'as plus parlé de voyager. Alors, je vais te permettre quelque chose de rare, mais tu as bien mérité de faire ce grand voyage dans le ciel dont tu rêvais. Tu vas faire des efforts et moi je soufflerai sur toi pour t'aider. »

« Oh! Merci, merci. » dit la petite étoile et, au bout d'un moment, elle se sentit décoller et filer à toute allure dans le ciel.

« Savez-vous, mes petits enfants, ce qu'est devenue cette petite étoile? Eh bien, tout simplement une étoile filante. »

Sur la terre, les enfants qui avaient l'habitude de la regarder souvent la nuit, ne la retrouvèrent plus !!

Le Coquelicot

Par une belle journée d'été, en pleine campagne, une prairie remplie de beaux coquelicots formaient un grand tapis écarlate chauffé par le beau soleil de la Provence. Mais voilà qu'au milieu des ces fleurs si belles, un seul petit coquelicot pleurait.

Pourquoi ce chagrin? Eh bien, tout simplement parce qu'il était blanc!
Allez savoir pourquoi, cette erreur de la nature.
Ses proches petits copains se moquaient de lui méchamment lui disant:
«Alors, c'est la fermière qui a versait son lait sur toi en passant?»
ou bien «On a dû t'arroser avec un cachet d'aspirine!»

Et sans cesse, il pleurait en supportant de telles moqueries. Cependant un matin, il vit près de lui une toute petite plante sortir de terre et chaque matin, cette petite plante grandissait, grandissait. Puis un jour, au grand étonnement de notre petit coquelicot, cette petite plante devint, devinez quoi? Un joli coquelicot tout rouge, bien sûr! Mais, un coquelicot fille...

Quelques jours passèrent et, un matin, le coquelicot lui adressa gentiment la parole ainsi que les jours suivants. Tant de douceur étonnait notre petit coquelicot qui était très heureux de bavarder avec sa nouvelle copine. Il lui confia le chagrin qu'il avait quand les autres se moquaient de lui à cause de sa pâleur. Alors une chose extraordinaire arriva, quand sa petite copine lui dit:
«Ne t'en fais pas! Moi, je n'ai même pas vu que tu étais blanc et je m'en moque!»
Puis elle hésita et se lâcha:
«Car, je suis amoureuse de toi!»

A ces mots, le petit coquelicot fut rempli de joie et sentit une chaleur monter dans ses pétales et, en quelques instants, il devint un beau coquelicot rouge, rouge comme les autres. La déclaration d'amour fit ce miracle et durant tout l'été, ils furent très heureux dans ce champ où toutes les fleurs furent rouges!

Histoires pour enfants sages
Illustrations B Brunstein

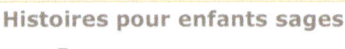

Marcel et Rosalie

Marguerite et le Coquelicot

Le Petit Nuage

Le Papillon

Histoire et illustrations de Bernard Brunstein
sur une idée d'Yvonne Netz

Le Dinosaure

Contes pour enfants de
Bernard Brunstein
Illustrations de Yanpetro Kavlan

Les renardeaux et la pie

Trois contes pour enfants de
Bernard Brunstein
Illustrations Bernard brunstein

LES CONTES DE LA LUNE

* La lune et l'enfant
* L'allumeuse d'étoiles
* Whaouuu le bébé loup

Editeur : BoD-Books on Demand, 12/14 rond point des Champs Élysées, 75008 Paris, France
Impression : BoD-Books on Demand, Norderstedt, Allemagne
ISBN :9782322101139
Dépôt légal : decembre 2017